Hackeo Mental y Memoria Fotográfica: Volumen 2:

Hackea tu Mente con Esta Guía de 10 Pasos. Aumenta la Retención y la Productividad. Mejora tu CI y Enfoque.

Table of Contents

El Poder de la Memoria Fotográfica:

Hackea tu Mente con Esta Guía de 10 Pasos. Aumenta la Retención y la Productividad. Mejora tu CI y Enfoque.

La información en las siguientes páginas se considera ampliamente como un relato veraz y preciso de los hechos, y como tal, cualquier falta de atención, uso o mal uso de la información en cuestión por parte del lector hará que cualquier acción resultante recaiga únicamente bajo su responsabilidad. No existen escenarios en los cuales el editor o el autor original de esta obra puedan ser considerados responsables de manera alguna por cualquier dificultad o daño que les pueda suceder después de haber tomado la información descrita aquí.

Además, la información en las siguientes páginas está destinada únicamente con propósitos informativos y, por lo tanto, debe ser considerada como universal. Acorde a su naturaleza, se presenta sin garantía en cuanto a su validez prolongada o calidad provisional. Las marcas comerciales mencionadas se han incluido sin consentimiento por escrito y de ninguna manera pueden ser consideradas como un respaldo por parte del titular de la marca.

Introducción

¡Felicidades por descargar Memoria Fotográfica: 10 Pasos para Recordar Cualquier Cosa Súper Rápido, y gracias por hacerlo. Si estás interesado en potenciar tus habilidades de memorización, ¡has venido al lugar correcto!

Hay mucha información conflictiva y confusa sobre cómo funciona la memoria, si es posible tener una memoria fotográfica y cómo entrenar tu cerebro para alcanzar un rendimiento máximo de la memoria. Esta útil guía consolida y explica cada paso necesario para entrenar tu memoria para lograr la máxima eficiencia. Comenzarás por aprender un poco sobre cómo funciona la memoria y lo que significa tener una memoria fotográfica. A continuación, nos adentraremos en los pasos hacia la optimización de tus habilidades de recuerdo.

Gran parte de maximizar tu potencial de memoria depende de alcanzar una salud cerebral óptima, así que te enseñaremos cómo comer, hacer ejercicio y dormir para tener un cerebro saludable. A continuación, aprenderás sobre los vínculos críticos entre la atención plena, la meditación y la memoria, y te explicaremos cómo puedes aprender a meditar de manera efectiva y lograr un estado de atención plena durante todo el día. También descubrirás los vínculos críticos entre la creatividad y la memoria, y cómo aprovechar tu creatividad para mejorar tus habilidades mnemotécnicas. Además, descubrirás que tienes la capacidad de transformar tus hábitos emocionales para mejorar aún más tu memoria.

Los últimos dos capítulos de esta guía cubren consejos y técnicas para aprender información, ya sea en pequeñas cantidades o en listas abrumadoras de datos. Aprenderás lo suficiente para entrenarte a memorizar con los mejores y alcanzar niveles de memorización competitiva si así lo deseas. Aunque no lo creas, con las técnicas de este libro puedes aprender a memorizar una baraja completa de cartas barajadas al azar o incluso un conjunto de dominós en orden aleatorio.

¡Hay un montón de libros sobre este tema en el mercado, así que gracias de nuevo por elegir este! Se hizo todo lo posible para asegurar que esté lleno de la mayor cantidad de información útil posible. ¡Por favor, disfrútalo!

Capítulo 1: ¿Qué es la memoria fotográfica?

La memoria fotográfica es la supuesta capacidad de tomar una instantánea mental y poder recordarla en detalle perfecto en el futuro. Desafortunadamente, para muchos lectores, este libro comienza con una gran decepción. Prepárate...¿estás listo? Aquí está: ¡la memoria fotográfica es un mito!

Sí, te estamos diciendo la verdad. Aunque la idea de tener una memoria fotográfica es bastante popular, a menudo perpetuada por historias exageradas de espías, líderes famosos o personas comunes que supuestamente podían almacenar instantáneas mentales y recordarlas luego con todo detalle, no hay ninguna prueba registrada de alguien con una memoria así. En cada caso de una persona que afirma tener una "memoria fotográfica", siempre ha resultado haber alguna otra explicación para el supuesto recuerdo perfecto de la persona. Existe una posible excepción. En la década de 1970, una mujer demostró una impresionante habilidad que se acerca más a una memoria fotográfica que cualquier otra habilidad registrada antes o desde entonces. El investigador la probó primero mostrándole una imagen parcial mientras tenía un ojo cerrado. Un par de días más tarde, miraría la otra parte de esa imagen con el otro ojo. Fue capaz de retener la imagen mental de la primera imagen y combinar las dos imágenes parciales en su cerebro para poder decirle al investigador cómo se veía la imagen completa.

Sin embargo, las habilidades de esa mujer nunca fueron completamente probadas o confirmadas. Terminó casándose con el investigador que la estudió. Después del matrimonio, nunca fue sujeto de pruebas de memoria nuevamente. No hay suficientes datos sobre sus habilidades para probar de manera concluyente sus capacidades de memoria, y ningún participante en el estudio pudo reproducir sus supuestas habilidades cuando otro investigador decidió investigar las afirmaciones hechas por el esposo investigador de esta mujer. Como resultado, la afirmación de tener una "memoria fotográfica" sigue siendo poco confiable hasta el día de hoy.

Memoria eidética

La memoria fotográfica a veces se confunde con una memoria eidética, que es real pero muy rara. La memoria eidética es un fenómeno en el cual una vívida "imagen residual" de algo permanece en la mente durante unos minutos después de que se haya visto la imagen original. Este fenómeno otorga a la persona habilidades de recuerdo extremadamente precisas, pero este recuerdo nunca es perfecto. La memoria eidética existe en un 2 a 15 por ciento de los niños y muy pocos adultos. Hay afirmaciones existentes de que se puede entrenar para tener una memoria eidética, pero estas son falsas; la memoria eidética es una cualidad que se tiene o no se tiene.

¡Pero aún hay excelentes noticias!

Ahora que te sientes decepcionado y desanimado por tu inexistente potencial para alcanzar una memoria fotográfica o eidética, probablemente te estás preguntando por qué te molestaste en mirar este libro. ¡No temas, porque todavía hay mucho que se puede aprender!

Ahora que te hemos decepcionado, la buena noticia es que el término "memoria fotográfica" sigue siendo extremadamente popular y un término ampliamente aceptado para tener la capacidad de recordar experiencias con gran detalle y claridad. Así que en lo que respecta a la población en general, este libro trata sobre entrenar tu cerebro para tener una memoria fotográfica. Si lees las instrucciones, sigues las sugerencias y practicas las técnicas de entrenamiento de la memoria, podrás afirmar con verdad que tienes una memoria fotográfica, al menos en la forma en que la mayoría de las personas en la sociedad definen ese término. ¡Solo tú (y unos pocos más) conocen la verdad!

Aunque es posible que nunca puedas recordar un evento o escena con tanta claridad perfecta que recuerdes cada detalle, ¡aún tienes el potencial de mejorar tu memoria a un grado asombroso! Después de practicar los métodos en este libro, muchas personas han podido memorizar rápidamente el orden de una baraja de cartas barajadas al azar o un conjunto completo de dominós colocados en orden aleatorio. Aparte de estos trucos de fiesta, también puedes entrenar tu cerebro para retener información crítica, como recordar rápidamente caras y nombres, recordar largas listas de información sin tenerla escrita, o recitar fácilmente las direcciones a un lugar después de escucharlas solo una vez. Así que, ten esperanza - aunque nunca logres la mítica "memoria fotográfica", si sigues las instrucciones en este libro para entrenar tu cerebro, ¡puedes hacer que muchas personas piensen que tienes una memoria fotográfica!

¿Cómo funciona la memoria?

Antes de entrar en el entrenamiento de tu cerebro, echemos un vistazo a cómo funciona el proceso de la memoria para que tengas una comprensión más clara de lo que estás intentando dominar.

Cuando hablamos de memoria, estamos hablando del proceso por el cual el cerebro adquiere, almacena, retiene y luego recupera información. Hay tres procesos principales en la memoria: codificación, almacenamiento y recuperación.

Cuando experimentamos un evento, persona, lugar o cosa, los detalles de esa experiencia son traducidos a través de nuestra percepción, la participación de nuestros cinco sentidos en la experiencia. Este es el comienzo del proceso de codificación. Detalles sobre la vista, sonidos, tacto, olor y gusto son todos transmitidos al hipocampo, que es una parte del cerebro que une todos los detalles en una sola experiencia. Los científicos creen que el hipocampo y otra parte del cerebro llamada la corteza frontal analizan las experiencias y "deciden" si vale la pena almacenarlas en la memoria a largo plazo.

Una vez que tus sentidos han percibido una experiencia, mensajes químicos y eléctricos se disparan entre las células nerviosas, formando una vía específica dentro del cerebro. Esta vía específica está relacionada con esa experiencia, y cuanto más veces te encuentres con esa experiencia, más fuerte se vuelve esa vía.

Una experiencia solo puede ser correctamente codificada si estás prestando atención; afortunadamente, el cerebro filtra la mayor parte de lo que encontramos a diario. ¡Sin este filtro, nuestros recuerdos estarían llenos dentro de la primera hora del día!

Después de la codificación viene el proceso de almacenamiento de la memoria. Una sensación se almacena primero en la memoria a corto plazo, que típicamente solo puede contener aproximadamente 7 elementos a la vez durante unos 30 segundos. Si la información es importante, se repetirá y se utilizará con frecuencia, lo que lleva a que se almacene en la memoria a largo plazo. Después de que la información se ha trasladado a esta parte de la memoria, se le llama "memoria retenida". Tu memoria a largo plazo tiene una capacidad increíble. Hasta ahora, parece que no hay límite en la cantidad de información que puede almacenar o en el tiempo que puede almacenarla.

Cuando queremos recordar algo, nuestro cerebro pasa por el proceso de recuperación, que trae la información de vuelta desde nuestra mente inconsciente a nuestra mente consciente. Cuando tenemos problemas para recordar algo, a menudo es porque no fue codificado o almacenado correctamente en primer lugar. Esto suele suceder cuando estamos distraídos. Esta distracción podría ser debido al estrés, emociones muy fuertes en exceso, o a tener mucho alrededor. O si tienes problemas para recordar algo que estudiaste, puede ser porque estudiaste en un entorno que no era propicio para estudiar o porque no repetiste la información a menudo. En otras palabras, eres responsable de asegurarte de que la información importante esté codificada y almacenada correctamente para poder recordarla cuando sea necesario.

Muchas personas se consideran a sí mismas como teniendo recuerdos "buenos" o "malos", pero la verdad es que la mayoría de las personas tienen el mismo potencial para la capacidad de memoria, siempre y cuando no haya condiciones subyacentes que dañen la función cerebral. Dado que casi todos tenemos el potencial para lograr habilidades de memoria fenomenales, ¡esto significa que las técnicas en este libro podrían convertirte de alguien que tiene una memoria "mala" o promedio a alguien que recuerda grandes cantidades de información con un esfuerzo aparentemente mínimo!

Capítulo 2: Comida para Mejorar la Memoria

Dado que nuestra nutrición - o la falta de ella - tiene un gran impacto en nuestra condición física y emocional, tiene sentido que una alimentación saludable pueda ser enormemente beneficiosa para nuestra capacidad de recordar hechos y experiencias. Este capítulo cubrirá los diversos nutrientes que deberías incorporar en tu dieta para una mejor salud cerebral y una memoria mejorada, así como los alimentos que deberías evitar si esperas mejorar tus habilidades de recuerdo.

1. **Omega-3: Últimamente parece que no se puede pasar un día sin escuchar a otro experto elogiando los beneficios de los omega-3, ¡y los expertos en memoria no son una excepción! Estos aceites se encuentran en peces grasos, como el salmón, el halibut y el atún, y desempeñan un papel importante en la función cerebral. Un estudio de 2016 publicado por la Escuela de Medicina de Harvard muestra que estos poderosos - aunque**

apestosos - aceites pueden revertir el deterioro de la memoria también. Si no le gusta comer los tipos de pescado ricos en este tipo de aceite, considere tomar un suplemento de aceite de pescado que incluya muchos omega-3.

Si decides invertir en un suplemento de Omega-3, asegúrate de que sea un suplemento verificado por la Farmacopea de los Estados Unidos, o USP. Esta verificación significa que ha sido analizado y que las pruebas han confirmado que contiene los ingredientes que figuran en la etiqueta, y que la potencia de los nutrientes es precisa. También significa que no hay sustancias dañinas que se hayan incluido accidentalmente y que los nutrientes deseables se absorberán en tu cuerpo cuando tomes el suplemento. ¡Busca el sello de "USP Verificado" en cualquier suplemento que compres!

1. **Frutas y Verduras: Los aceites Omega-3 son conocidos por reducir la inflamación, ¿pero qué hay de otros alimentos antiinflamatorios? En general, los alimentos ricos en antioxidantes ayudan a reducir la inflamación en el cuerpo. Puedes encontrar altos niveles de antioxidantes en muchas frutas y verduras.**

Resulta que estos alimentos también tienen un impacto significativo en tu salud mental. Las personas que consumen una amplia variedad de verduras y frutas tienen un menor riesgo de desarrollar demencia u otro tipo de declive mental relacionado con la edad que las personas que consumen alimentos menos saludables. Esto ha sido demostrado por múltiples estudios a lo largo de décadas de investigación.

1.

Cafeína: ¡Amantes del café, regocíjense! Una investigación reciente de la Sociedad Radiológica de América del Norte ha demostrado que beber solo 2 tazas de café al día puede ayudar a aumentar la función de la memoria a corto plazo. Investigaciones adicionales también han demostrado que cuándo consumes cafeína también hace la diferencia. Un estudio muestra que tomar un suplemento que contiene cafeína fue beneficioso para la memoria de los estudiantes si lo tomaban justo después de aprender nueva información. Se demostró que los beneficios de la cafeína duraban hasta 24 horas.

1. Vitamina D: Este nutriente es esencial para muchas funciones del cuerpo, incluida la memoria. Más de un estudio en los últimos años ha relacionado niveles bajos de vitamina D con una pérdida de memoria más rápida y un mayor riesgo de demencia que aquellos que tienen niveles saludables de vitamina D. Muchas personas corren el riesgo de ser deficientes en vitamina D, especialmente aquellos de nosotros que vivimos en climas fríos. Los suplementos para esta vitamina están ampliamente disponibles, pero debes pedirle a tu médico que pruebe tus niveles de vitamina D antes de tomar un suplemento. Una vez más, asegúrate de buscar un sello de aprobación "USP Verificado" en tu frasco de vitaminas.

1. Cacao: Al igual que las frutas y verduras, el cacao es rico en antioxidantes. Estos antioxidantes particulares se llaman flavonoides, y son bastante útiles para el cerebro porque animan a las células cerebrales y vasos sanguíneos en el cerebro a crecer. También provocan que más sangre fluya a los segmentos del cerebro que participan en la codificación y almacenamiento de la memoria. Más flujo sanguíneo significa que más oxígeno y nutrientes van a estas áreas, ¡así que es genial para tu memoria! Los flavonoides son más densos en el chocolate oscuro y no existen en el chocolate blanco, por lo que los mayores beneficios para la memoria se pueden obtener al comer chocolate con 70% de cacao o más. Por cierto, el consumo de chocolate oscuro también se ha asociado con una mejor función visual. Comer un poco de chocolate negro de alta calidad cada día tiene muchos beneficios probados para la salud, así que este beneficio adicional de una memoria mejorada debería hacernos a todos saltar por una (pequeña) barra de chocolate.

1. Proteína: Además de los beneficios para los músculos y resistencia, la proteína también ha demostrado mejorar la memoria. Un estudio mostró que comer un desayuno rico en proteínas mejoró la precisión de la memoria a corto plazo, posiblemente porque consumir más proteínas conduce a niveles de glucosa más estables en la sangre. Considera agregar algunas fuentes magras de proteínas a tu desayuno, como huevos y tocino de pavo, para mejorar tus habilidades de memoria a corto plazo.

1. Colina: ¡Aquí hay otra gran razón para comer huevos! Un nutriente llamado colina puede aumentar instantáneamente la memoria a corto plazo, ¡y solo una pequeña yema de huevo contiene 115 mg de colina. El beneficio de este nutriente para la memoria a corto plazo ha sido demostrado en varios estudios. Hay muchas

formas de incorporar huevos a tu dieta, ¡así que sé creativo y come tus huevos!

1.

Luteolina: Este nutriente, que se encuentra en el apio y los pimientos, combate el tipo de inflamación cerebral que puede venir con la edad. Con la reducción de la inflamación cerebral, viene un menor riesgo de problemas de memoria relacionados con la edad. La conclusión es consumir fuentes de este nutriente si deseas mantenerte agudo a medida que envejeces. Está bien si no disfrutas de los pimientos crudos o el apio. Estas verduras se pueden cocinar y agregar a una variedad de recetas deliciosas, incluyendo sopas, estofados y cenas salteadas.

1.

Menos Azúcar Agregada y Carbohidratos Refinados: Comer alimentos con mucha azúcar agregada, como la que se

encuentra en refrescos y dulces, se ha relacionado con una mala memoria a corto plazo. Además, las personas que comieron alimentos con alto contenido de azúcar agregada tienen volúmenes cerebrales reducidos y habilidades de memoria generalmente más pobres. Si disfrutas de bebidas y alimentos endulzados, prueba bebidas simples (como té helado) o cereales sin azúcar y simplemente agregando un poco de azúcar o miel. Esto reducirá enormemente tu consumo de azúcar, ya que los alimentos preendulzados suelen tener mucho más azúcar de la que probablemente agregarías por ti mismo.

Los carbohidratos altamente refinados, como los que se encuentran en los cereales, arroz blanco, galletas y pan blanco, también pueden ser peligrosos. Estos carbohidratos procesados causan que los niveles de azúcar en tu sangre aumenten de manera repentina y rápida al digerirse. Las grandes fluctuaciones en los niveles de azúcar en sangre son peligrosas para muchas partes de tu cuerpo, y un resultado puede ser un funcionamiento reducido del cerebro. Además, un estudio en niños mostró que aquellos que consumían más carbohidratos refinados tenían peores memorias a corto plazo y de trabajo. Los alimentos que consumían incluían papas fritas y fideos. En lugar de consumir estos carbohidratos altamente refinados, trata de incorporar granos enteros y carbohidratos complejos como las batatas en tu dieta.

1. **Menos alcohol: El alcohol también vale la pena reducirlo. Aunque beber ocasionalmente de manera controlada no es perjudicial, los investigadores han encontrado pruebas de que el consumo excesivo de alcohol (consumir rápidamente suficiente alcohol para elevar los niveles de alcohol en sangre por encima del límite legal) causa dificultades en la recuperación de la memoria y puede dañar el hipocampo. Si recuerda del Capítulo 1, el hipocampo es importante en el proceso de almacenamiento de la memoria del cerebro. Si te encuentras en una fiesta u otra situación en la que normalmente beberías en exceso, intenta limitarte a una bebida por hora y bebe un vaso de agua entre las bebidas alcohólicas. Si te das cuenta de que no puedes dejar de beber o controlar tu consumo, hay muchas opciones para obtener**

ayuda. ¡Tu capacidad de memoria futura depende de ello!

1. **Vino tinto: Aunque el consumo excesivo de alcohol es claramente insaludable por muchas razones, la investigación ha demostrado que una copa o dos de vino tinto puede ser beneficioso. El vino tinto contiene un compuesto llamado resveratrol, que actúa como antioxidante y tiene muchos beneficios para la salud, incluida la desaceleración y posible reversión de la pérdida de memoria relacionada con la edad. Si no te gusta el vino tinto, no temas. El compuesto también se encuentra en las uvas rojas, algunas bayas y cacahuetes. También hay algunos suplementos disponibles, pero consulta a un experto en salud antes de tomar uno.**

Si tu cabeza está dando vueltas solo un poco con todos estos consejos nutricionales, aquí tienes un resumen rápido: Come pescado con Omega-3 o encuentra un buen suplemento para este nutriente. Come una variedad de frutas y verduras e incluye una cantidad moderada de cafeína en tu dieta. Pídele a tu médico que revise tus niveles de vitamina D y toma un suplemento si es necesario. Come una pequeña cantidad de chocolate oscuro y bebe una o dos copas de vino tinto de vez en cuando. Consume abundante proteína magra, incluyendo huevos, e incorpora apio y pimientos en tu dieta. Limita la cantidad de alimentos y bebidas azucarados que consumes y evita los carbohidratos refinados. Trata de evitar por completo el consumo excesivo de alcohol.

¡Hay muchas formas deliciosas de incorporar todas estas sugerencias en tu dieta, así que disfruta! Sigue leyendo para encontrar el siguiente paso hacia una memoria excepcional.

Capítulo 3: Ejercicio

Ahora que sabes cómo comer para tener la máxima capacidad de recordar, hablemos de ejercicio. No es

el tema favorito de todos, pero es una necesidad de todos modos. Has escuchado la gran cantidad de beneficios de hacer ejercicio por parte de tu médico, revistas, programas de noticias y familiares bien intencionados. Bueno, resulta que una memoria excepcional es otro beneficio potencial de hacer ejercicio.

Cómo el ejercicio ayuda a la memoria

Hay un montón de estudios científicos detallados que demuestran la vinculación positiva entre el ejercicio y la mejora de la memoria, pero la conclusión es que el ejercicio aumenta tu ritmo de circulación. Un aumento en el ritmo circulatorio significa que más oxígeno llega a tu cerebro, lo que le permite funcionar de manera más eficiente. Específicamente, los investigadores han descubierto que hacer ejercicio 4 horas o menos después de aprender algo nuevo puede ayudarte a retener esa información mucho mejor que si hubieras estado inactivo durante mucho tiempo después de aprender. La razón de esto parece ser que el ejercicio provoca un mejor flujo sanguíneo, lo que lleva a un aumento de la actividad en el hipocampo del cerebro.

Además de este beneficio, diversos estudios han demostrado que el ejercicio mejora la función cerebral en general, incluida la memoria. Un estudio en particular mostró que no solo el ejercicio ayuda a prevenir la pérdida de memoria relacionada con la edad, ¡sino que también puede mejorar tu capacidad para retener y recordar información! Los resultados de este estudio demostraron que el ejercicio aeróbico (por ejemplo, caminar o correr) y el ejercicio anaeróbico (por ejemplo, levantar pesas) afectaron a diferentes tipos de memoria, pero el resultado importante fue que ambos mejoraron las capacidades de memoria. Por lo tanto, la mejor mejora general para tu memoria es tratar de incorporar tanto ejercicios aeróbicos como de resistencia en tu rutina.

Los peligros de no hacer ejercicio.

Solo por si acaso todavía estás sentado en el sofá y pensando que tal vez puedes prescindir de esta parte de tu actualización de memoria, también debes saber que permanecer inactivo puede ser muy perjudicial para la función de tu cerebro. Un estudio en ratas mostró que un estilo de vida sedentario provoca que las neuronas (células nerviosas) en los cerebros tengan ramas adicionales. Al principio, esto parece algo bueno, pero resulta que las ramas adicionales están relacionadas con la regulación de funciones involuntarias del cuerpo, como la respiración. Las ramas adicionales provocan que el sistema nervioso sea sobreestimulado. Esta sobreestimulación puede causar problemas como daño al corazón o los pulmones y un aumento peligroso en tu presión arterial. Dado que llevar un estilo de vida inactivo puede tener un efecto tan perjudicial en la forma de las células nerviosas de tu cerebro, ¡solo piensa en los peligros para el resto de las funciones de tu cerebro, como la memoria!

Si eres un verdadero adicto al sofá y sientes que podrías ser alérgico al ejercicio, puedes intentar agregar solo pequeñas cantidades de ejercicio a la vez. Incluso un paseo rápido de veinte minutos ha demostrado aumentar la actividad en el cerebro. Veinte minutos es solo una parte minúscula de tu día cuando lo piensas, ¡y los beneficios superarán con creces el riesgo de perderte el sofá durante ese tiempo! Adelante y pruébalo, sinceramente dudamos que te arrepientas.

Capítulo 4: Buen Sueño

Mientras estamos en el tema de hábitos de salud mejores, deberíamos hablar sobre el que escasea seriamente en la mayoría de adultos últimamente: el sueño. Aunque la cafeína en cantidades moderadas puede beneficiar tu memoria, no es un sustituto de una buena noche de sueño.

Sueño y Consolidación de la Memoria

Cuando dormimos, nuestro cerebro pasa por gran parte del proceso de consolidación de la memoria, que es cuando las experiencias recientemente aprendidas son ordenadas y las importantes se convierten en recuerdos a largo plazo. Varios cambios estructurales y químicos en el sistema nervioso causan esta conversión, y gran parte de esto depende de que durmamos lo suficiente. Algunas consolidaciones de la memoria pueden ocurrir cuando estamos despiertos, pero las partes más importantes suceden cuando estamos dormidos.

Incluso si no puedes dormir toda la noche, ¡tus habilidades de memoria pueden beneficiarse de una siesta corta! Un estudio tuvo dos grupos de adultos memorizando cartas ilustradas. Un grupo tomó una siesta de cuarenta minutos después de memorizar, y el otro grupo se mantuvo despierto durante cuarenta minutos. Luego, ambos grupos fueron puestos a prueba sobre cuánto recordaban de lo que habían memorizado anteriormente. Para sorpresa de los investigadores, el grupo que tomó la siesta mostró habilidades de recuerdo significativamente mejores.

Se realizó un estudio similar en dos grupos de niños que se encontraban en el grupo de edad de 10 a 14 años. A algunos de los niños se les impartió entrenamiento de memoria, luego fueron evaluados el mismo día. No durmieron entre el entrenamiento y la evaluación. El resto de los niños recibieron entrenamiento de memoria por la noche, se les permitió dormir toda la noche y luego fueron evaluados por la mañana. Los resultados mostraron que el grupo al que se le permitió dormir antes de la evaluación tuvo un rendimiento significativamente mejor.

¿Qué sucede cuando no dormimos lo suficiente?

Dado que el sueño es crucial para el almacenamiento adecuado de la memoria, se sigue que la privación del sueño causa problemas en nuestra capacidad de formar nuevos recuerdos. ¡Solo hace falta una sola noche de privación del sueño para reducir significativamente nuestra capacidad de retener cualquier información nueva! Este descubrimiento es algo preocupante, considerando lo privados de sueño que están la mayoría de los adultos en estos días.

No solo la privación de sueño dificulta tu capacidad para consolidar nueva información en la memoria, sino que también afecta negativamente a tu memoria de trabajo, que es el sistema cerebral para retener temporalmente información disponible para su procesamiento mientras realizas tareas complejas. En otras palabras, es tu habilidad para trabajar con la información tal como se te da. También puede ser llamada tu memoria a corto plazo. Es fundamental para tu capacidad de razonar, tomar decisiones y comportarte de manera racional.

Cuando estás privado de sueño, las funciones de tu cerebro son notablemente lentas y entra en una especie de "modo de conservación", apagando algunas de las funciones más básicas. Entonces, tu memoria de trabajo entra en acción para compensar algunas de estas funciones básicas y ayudarnos a realizar tareas complejas. Sin embargo, este sistema de compensación no es perfecto. La investigación ha demostrado que en este estado, las personas son mucho más fácilmente distraídas y más propensas a reaccionar exageradamente a estímulos emocionales. Como resultado, la memoria de trabajo se ve comprometida y somos menos capaces de actuar racionalmente.

¿Cómo podemos dormir más?

Las personas están más ocupadas que nunca últimamente, y puede ser fácil sacrificar el sueño para poder realizar más actividades y ser más productivo en tu día. Pero a estas alturas debes ser capaz de ver lo crítico que es el sueño para tus objetivos de alcanzar habilidades de memoria sobresalientes. ¡Si deseas algún día sorprender a tus amigos y familiares con tu memoria extraordinaria o ser capaz de memorizar grandes cantidades de información para el trabajo o la escuela, debes hacer del sueño una prioridad!

Los expertos recomiendan que los adultos de todas las edades duerman de siete a nueve horas por noche. Para lograr esto, sugerimos seguir estos consejos útiles:

Haz un horario para dormir. Programa tus horas de apagar la luz y despertar, y apegate a ellas tan rigurosamente como lo harías con una reunión de negocios. Incluso los fines de semana, cuando es tentador quedarse despierto hasta tarde y dormir más, necesitas mantenerte comprometido con los mismos horarios de acostarte y despertarte.

· Apaga la televisión, la computadora y todos los dispositivos móviles una hora antes de la hora de apagado de las luces. Todos hemos escuchado sobre los estudios que muestran lo disruptivas que son esas pantallas brillantes y brillantes para nuestro sueño. Si las estamos mirando demasiado cerca de la hora de dormir, la calidad de nuestro sueño puede disminuir significativamente.

· Desconecta o cubre cualquier cosa en tu dormitorio con luces de espera. Esas pequeñas luces redondas rojas, azules o verdes pueden ser igualmente disruptivas para la calidad de tu sueño, incluso si parecen pequeñas e insignificantes. Puede que te duermas con ellas en la habitación sin problemas, pero solo la presencia de esas luces puede interferir con tus ondas cerebrales mientras duermes, y como resultado, no duermes tan tranquilamente o profundamente.

· Evita el alcohol y el café después de la cena. Puede parecer que el alcohol te ayuda a dormir, pero en realidad te impide llegar al sueño profundo que tu memoria necesita. La cafeína también puede mantenerte despierto o causar una mala calidad del sueño.

Si sigues estos consejos y haces un esfuerzo sincero para hacer del sueño una prioridad alta, estamos seguros de que estarás cosechando los beneficios en la memoria en tan solo unos días.

Capítulo 5: Meditar para la Memoria

Cuando te imaginas a alguien que medita regularmente, es posible que te imagines a una persona serenamente calmada, racional, centrada y en contacto con sus sentimientos. O, si tienes una opinión menos favorable de la meditación, es posible que formes una imagen completamente diferente en tu cabeza. Pero lo que quizás no te imagines es a alguien que tenga una memoria notable. Los beneficios mentales de la meditación han sido estudiados y ampliamente publicitados durante décadas, pero muchas personas pueden no ser conscientes de que la memoria está entre ellos.

¿Qué es la meditación?

La meditación, por definición, es simplemente la práctica de usar diversas técnicas para entrenar la atención y la conciencia, logrando así un estado de ser emocionalmente calmado y mentalmente claro. Existe una gran variedad de técnicas que entran dentro del ámbito de la meditación, incluyendo visualización, canto, técnicas de respiración, diversas posturas físicas, prácticas guiadas y enfoque en objetos particulares, tanto reales como imaginarios.

Las personas que meditan pueden hacerlo porque quieren reducir el estrés, sentir menos dolor físico o emocional, aumentar su paz interior o mejorar el control de su respiración. Es posible que hayas escuchado acerca de muchos de sus beneficios, incluyendo la reducción de la ansiedad, la mejora de la salud emocional, la disminución de la presión arterial, el aumento de la autoconciencia y la mejora de la concentración. Algunas personas encuentran que pueden dormir mejor una vez que han practicado la meditación por un tiempo, y otros la utilizan como parte de su programa de recuperación de adicciones. La mayoría de las personas que practican la meditación encuentran que tienen una mejor sensación general de bienestar y compasión hacia sí mismos y hacia los demás. Lo que muchas personas pueden no darse cuenta es que al practicar la meditación, mejoran la función cerebral en general, incluida su memoria.

¿Cómo mejora la meditación la memoria?

Esencialmente, la meditación es un ejercicio que ralentiza el procesamiento de tu mente. Al practicar la meditación, entrenas tu mente y te das más control sobre tus pensamientos. En última instancia, este control también puede mejorar considerablemente tu memoria.

Es posible que recuerdes que la memoria de trabajo es esencialmente la memoria a corto plazo, donde la nueva información se guarda temporalmente para ayudarte a realizar tareas complejas. Después de estas tareas, la información útil puede ser almacenada en la memoria a largo plazo. Utilizamos nuestra memoria de trabajo varias veces al día, ya sea ayudándonos a llegar a una nueva dirección o recordando los nombres de nuevos colegas en una reunión. Resulta que la memoria de trabajo puede ser fortalecida mediante la meditación.

Durante una práctica de meditación, prestamos atención a nuestros pensamientos; específicamente, tratamos de enfocarnos en un pensamiento, proceso u objeto, o simplemente nos sentamos y observamos nuestros pensamientos sin tratar de controlarlos o reaccionar a ellos. De cualquier manera, estamos mucho más concentrados de lo normal.

A través de la tecnología moderna que permite escanear el cerebro, los investigadores han podido observar detenidamente lo que sucede en el cerebro antes y después de las prácticas de meditación. Estos escaneos cerebrales han demostrado que la meditación hace que nuestros cerebros dejen de procesar información tan activamente como lo harían normalmente. Esto suena como si fuera algo malo, pero significa que hay significativamente más enfoque en un cerebro que ha sido entrenado por la meditación. ¡Más enfoque significa menos ansiedad, menos distracción y una capacidad mucho mejor para retener información en la memoria!

Los investigadores creen que la razón de este

enfoque aumentado de la meditación es que las personas ganan un mejor control sobre sus ondas alfa, las cuales forman una especie de pantalla para las distracciones cotidianas. Cuando eres capaz de bloquear mejor las distracciones, puedes procesar la información más importante de manera más efectiva, aumentando así tus posibilidades de recordarla más tarde. Esta habilidad se ha demostrado mejorar en tan solo ocho semanas de meditación regular, incluso en personas que nunca habían intentado meditar antes.

No solo la meditación mejora tu capacidad de enfoque, sino que también se ha demostrado que causa un aumento en la cantidad de materia gris (que contiene células neuronales) en tu cerebro. Esta materia gris generalmente disminuye con la edad, lo que conduce a una disminución en la función cerebral y en las habilidades de memoria. Pero gracias a sus efectos positivos en la materia gris y en el control de las ondas alfa, la meditación puede beneficiar las habilidades de memoria de personas de todas las generaciones, incluidas las personas mayores. La investigación ha mostrado posibilidades asombrosas de los beneficios de la meditación para la memoria, especialmente la capacidad de prevenir la enfermedad de Alzheimer y la demencia.

Cómo incorporar la meditación en tu vida

Ahora que sabes lo grandiosa que puede ser la meditación para tu capacidad de recordar, probablemente te estés preguntando cómo empezar. Si eres principiante en la meditación, lo mejor es empezar poco a poco y avanzar desde ahí. Sigue estos consejos para comenzar tu propia práctica de meditación.

1. Encuentra un horario regular durante el día que sea más propicio para que medites. Esto podría ser al principio del día, a la hora del almuerzo, justo después del trabajo o justo antes de acostarte. La clave es encontrar un momento en el que las distracciones sean mínimas y puedas concentrar mejor tu mente.

1. Programa solo 5 minutos cada día y avanza desde ahí. Pon un temporizador cuando empieces, así no necesitas estar mirando el reloj durante tu práctica. Al principio, 5 minutos pueden parecer demasiado tiempo, pero eventualmente te acostumbrarás y en ese momento, quizás quieras intentar 10 minutos cada día. Pero no apresures tu progreso.

1. Encuentra un lugar cómodo para sentarte. Puedes sentarte en una

silla con los pies en el suelo. Si prefieres, también puedes sentarte en el suelo. Si lo necesitas, siéntete libre de usar un cojín para mayor comodidad. Si deseas probar acostarte, adelante, pero algunas personas no lo recomiendan.

1. Eventualmente, es posible que desees crear un espacio de meditación en tu hogar, pero esto no es necesario cuando estás comenzando. Tenlo en cuenta para el futuro.

1. Una práctica de meditación fácil para empezar es contar tu respiración. Intenta contar cada inhalación y exhalación con el mismo número, como esto (pensándolo, no diciéndolo en voz alta): "Uno" (inhala), "Uno" (exhala), "Dos" (inhala), "Dos" (exhala), y así sucesivamente. Una vez que llegues a Diez, comienza de nuevo. O puedes simplemente pensar para ti mismo, "Dentro, fuera, dentro, fuera..."

1. Cuando tu mente divague (lo cual es normal y está bien), nota tu distracción y luego comienza a prestar atención a tu respiración nuevamente. Comienza a contar de nuevo desde el principio si no recuerdas dónde te quedaste. ¡No te molestes contigo mismo por dejar que tu mente divague! Pero date una palmadita en la espalda por las veces que te das cuenta de que tu atención se ha desviado porque tomar esa nota significa que estás tomando conciencia de tus pensamientos.

1. Intenta notar las sensaciones en tu cuerpo mientras respiras, una vez que te acostumbres a contar. ¿Dónde notas las inhalaciones? ¿Y las exhalaciones? ¿Sientes alguna tensión o incomodidad en alguna parte? Si es así, intenta enfocar tu energía respiratoria en esas áreas y nota cómo la tensión se afloja gradualmente.

1.

Cuando surjan pensamientos distractivos, intenta simplemente notarlos sin involucrarte en ellos. No te sumerjas en ellos y trata de resolverlos. Solo reconócelos y sigue adelante.

1.

Haz esto todos los días para convertirlo en un hábito. Después de muchas semanas (posiblemente meses si eres difícil de convencer), se volverá tan habitual como hacer tu cama o cepillarte los dientes.

1.

Si sientes que nada está cambiando como resultado de tu práctica de meditación, ten paciencia. La meditación no se trata de encontrar ideas profundas o de repente volverse sereno y sabio. Se trata de aceptar tus pensamientos y entorno sin juzgar en cada momento que pasa. Probablemente estés cambiando gradualmente sin ni siquiera darte cuenta, adquiriendo atributos como mayor concentración, autocontrol y capacidad de memoria que estamos buscando.

Si estás interesado en profundizar más en la meditación, mejorar tu práctica o simplemente aprender más, hay muchas recursos disponibles. YouTube ofrece muchos canales de meditación guiada, las tiendas de Google Play o iTunes tienen aplicaciones de meditación, internet ofrece numerosos blogs y foros, y tu biblioteca local tiene libros y videos que pueden guiarte. Lo importante es seguir aprendiendo y practicando. ¡El objetivo final de este libro es mejorar tu capacidad de memoria, pero puedes beneficiarte de muchas maneras al interesarte en la meditación!

Capítulo 6: Ciencia de ser consciente

En este momento, es posible que estés pensando que no es necesario cubrir la atención plena. "¿No acabamos de cubrir eso en el capítulo de meditación??!" Bueno, sí y no. Si bien es cierto que la meditación te ayuda a alcanzar un estado de atención plena, los dos conceptos no están necesariamente intrínsecamente vinculados.

¿Qué es la atención plena?

La atención plena se refiere al estado de ser consciente de tus pensamientos, sentimientos y entorno en cualquier momento dado, ya sea que estés meditando o no. "Estar presente" es una descripción que a menudo se da a las personas cuando están atentas. La meditación puede ser la práctica formal de la atención plena, pero la atención plena por sí sola es algo que puedes practicar en cualquier situación.

En general, las personas tienen el mal hábito de enfocarse en lo negativo y pasar por alto las partes positivas de la vida. Podemos estar tan dominados por los arrepentimientos del pasado o las ansiedades del futuro que no somos conscientes de nuestra situación presente. También somos rápidos para etiquetar los pensamientos, sentimientos y circunstancias como "buenos" o "malos". En cambio, cuando somos conscientes, observamos cuidadosamente nuestros pensamientos y sentimientos sin etiquetarlos ni juzgarlos.

La atención plena puede ser una forma saludable de tomar conciencia de las emociones que escondes bajo la superficie. Sin que seas consciente de ellas, estas emociones ocultas pueden estar causando problemas en las relaciones o distrayéndote de enfocarte en tu situación actual. La atención plena significa simplemente vivir en cada momento en lugar de enfocarte en el pasado o presente.

Hay una gran cantidad de beneficios al practicar la atención plena en tu vida diaria, incluyendo relaciones mejoradas, disminución de la depresión y la ansiedad, niveles de estrés reducidos y mejor salud en general. Además, el entrenamiento en atención plena puede mejorar tu concentración y memoria.

Atención plena y memoria

Similar to meditation practice, mindfulness training helps you filter out distracting and potentially damaging thoughts so that you can focus on information as it is given to you. This increased focus leads to better information storage and consequently better recall of what you have learned and experienced.

Un estudio de 2016 de casi 300 estudiantes en el campo de la psicología mostró que el entrenamiento de mindfulness puede mejorar tu capacidad para recordar objetos a través de tu memoria de reconocimiento, que es lo que usas para reconocer personas o cosas que has visto antes. Además, se ha demostrado que el entrenamiento de mindfulness también reduce el riesgo de declive en la función cerebral asociada con el envejecimiento.

Cómo traer más conciencia plena a cada día

Un gran comienzo para la atención plena es la práctica de meditación que discutimos en el capítulo 5. Sin embargo, hay muchas más formas de empezar a practicar la atención plena en tu vida diaria. Prueba cada una de las siguientes sugerencias y toma nota de cuáles parecen ser las más efectivas para ti:

Escucha consciente: Cuando escuchamos a otra persona, muchos de nosotros tenemos el mal hábito de dejar que nuestras mentes divaguen y no estar completamente presentes. Pensamos en la otra persona, pero no siempre en lo que están diciendo. ¡O estamos completamente distraídos por nuestros propios pensamientos o entorno mientras fingimos escuchar! La próxima vez que estés escuchando a alguien, ya sea alguien a quien amas o no, intenta utilizar este tiempo para practicar la atención plena. Enfoca toda tu atención en esa persona y en lo que están diciendo, incluso si parece mundano e insignificante. Ellos realmente apreciarán la atención y pueden decidir corresponder y prestarte más atención la próxima vez que hables.

Tareas del hogar: Dado que la mayoría de nosotros pasamos mucho tiempo haciendo las tareas del hogar, estas son excelentes oportunidades para practicar la atención plena. La próxima vez que tengas que doblar la ropa, lavar los platos o cocinar, intenta centrar toda tu atención en esa tarea en particular, y sigue enfocado en ella en cada momento. Nota los aromas de la comida que cocinas y observa la transformación que los ingredientes crudos experimentan a medida que los combinas y los calientas para hacer un plato. Presta atención a las texturas de la ropa que doblas, los sonidos que hacen los platos al chocar entre sí en el agua jabonosa, y la luz y la temperatura de la habitación en la que estás. A medida que practiques esta atención plena, comenzarás a sentir que cada pequeño acto es un ritual especial. Estarás en sintonía con tu mundo y podrás transformar las tareas ordinarias en partes armónicas de tu día.

· Comer con atención plena: Dado que la mayoría de nosotros tenemos vidas repletas de actividades, a menudo comemos mientras estamos en movimiento, haciendo llamadas telefónicas o conduciendo hacia la siguiente práctica o evento. La comida rápida es un pilar en nuestra dieta, y muchas familias rara vez se sientan juntas a cenar - y cuando lo hacen, a menudo es frente al televisor. Intenta llevar la atención plena a una comida al día para empezar. Siéntate en un espacio designado para comer sin distracciones. Deja el teléfono celular en otra habitación y apaga el televisor. Tómate tu tiempo para saborear cada bocado, notando la textura, sabor y aroma de tu comida. Da pequeños bocados y come lentamente, y presta atención a cómo se siente tu cuerpo mientras lo nutres. Observa cuándo te sientes lleno/a y procura terminar la comida en ese momento. Esta práctica no solo es buena para tu cerebro, sino que también tiene el beneficio añadido de ayudar a la digestión saludable y a la pérdida de peso. ¡Pronto descubrirás que deseas practicar la atención plena cada vez que comas, y esas comidas rápidas serán cosa del pasado!

¡No más multitareas! Últimamente, la capacidad de "multitareas" se ha considerado una virtud, algo de lo que nos gusta presumir al hablar con amigos, familiares o posibles empleadores. Pero la verdad es que hacer varias cosas a la vez es lo opuesto a ser productivo; dispersa demasiado la atención y nos hace más propensos a cometer errores. En lugar de intentar hacer múltiples cosas al mismo tiempo, concéntrate en una tarea a la vez. Presta atención a las conversaciones telefónicas, responde correos electrónicos mientras te enfocas únicamente en la pantalla de la computadora y mantén tu atención en la discusión presente en las reuniones en lugar de chequear de manera furtiva los mensajes en tu teléfono. Te sorprenderás de cuánto más puedes recordar de cada parte de tu día y de la calidad mejorada y la eficiencia de tu trabajo.

· Deja de apresurarte: Demasiado a menudo, tratamos de hacer las cosas lo más rápido posible para poder pasar a la siguiente tarea. Nos enfocamos en los plazos, la productividad y la cantidad de tareas que podemos completar en un día en lugar de apreciar cada momento tal como viene. Intenta frenar tu ritmo físicamente por un cambio y observa qué sucede. Cuando vayas a comprar comestibles, presta atención a cada artículo mientras lo tachas de tu lista. Conduce y camina a velocidades razonables en lugar de apresurarte para ahorrar minutos en tu viaje. Tómate el tiempo para conectar con un cliente en lugar de enfocarte en una venta rápida. Descubrirás que obtienes un valor de cada experiencia cuando el objetivo es estar presente en lugar de moverte tan rápido como sea posible.

Movimiento consciente: Ya sea que estés haciendo ejercicio o simplemente caminando entre oficinas en el trabajo, presta atención a las sensaciones en tu cuerpo. Aprecia los movimientos de cada miembro y las sensaciones de tus pies al golpear el suelo debajo de ti. Nota cómo se sienten tus ropas al moverse contra tu piel. Ten en cuenta todas las pequeñas características de la escena que te rodea, ya sea que estés en interiores o exteriores. Esta conciencia plena es una práctica que puedes incorporar en tu día sin ocupar tiempo extra en tu agenda ocupada. Puede que encuentres que aprecias mucho más tu cuerpo y tu capacidad de moverte si eres consciente de cada movimiento individual.

Tómate un tiempo para hacer "nada": Nuestra cultura aplaude la productividad y desaprueba la ociosidad, por lo que la mayoría de nosotros hemos perdido la habilidad de sentarnos tranquilamente y no hacer absolutamente nada. De hecho, tendemos a sentirnos culpables si siquiera consideramos pasar tiempo haciendo "nada". ¡Pero la verdad es que realmente no necesitamos estar enfocados en una tarea en cada momento del día! Intenta tomarte un poco de tiempo de "nada" cada día, incluso si solo puedes hacerlo por unos minutos. Ponte un temporizador si es necesario, luego siéntate en silencio en tu silla o sofá favorito. Si el clima es agradable, siéntate afuera al sol, o ve a un parque favorito y disfruta de una brisa suave. Podrías sorprenderte de cuánto placer obtienes de solo unos minutos de simplemente "ser" mientras no haces nada en absoluto.

. Presta atención a los olores mientras pasas el día. Escucha los sonidos suaves fuera de tu ventana o incluso en la misma habitación: el zumbido de tu computadora, la lavadora en la otra habitación, o las voces murmuradas de una conversación tranquila en el pasillo. Nota la brisa en tu piel, las gotas de lluvia en tu rostro o la sensación de una camisa favorita en tus brazos. Tómate unos momentos para apreciar las vistas que normalmente das por sentado, como el cielo durante tu viaje de regreso a casa, los árboles en el estacionamiento o los niños jugando afuera de la escuela cuando recoges a tu hijo por la tarde. Nota el sabor de tu café de la mañana mientras lo bebes mientras revisas tu correo electrónico. Traer conciencia a tus sentidos de esta manera te ayuda a estar comprometido en cada momento, en lugar de estar preocupado por pensamientos distraídos. Incluso puedes descubrir que esta conciencia sensorial aporta una nueva sensación de asombro a momentos previos que parecían comunes.

Siguiendo estas sugerencias para el entrenamiento de la atención plena debería ayudarte a estar más presente en cada momento a medida que pasa. No solo cosecharás los beneficios de reducción del estrés, disminución de la ansiedad y la depresión, y el aumento de la conciencia sensorial, sino que notarás que recuerdas mucho más de cada día. A medida que incorporas la atención plena en cada día, tus habilidades de memoria se fortalecerán porque estás prestando atención a muchos más detalles que solían pasarte desapercibidos.

Capítulo 7: Una mente ocupada recuerda

Parece contrario a la intuición que, después de dos capítulos describiendo los beneficios de ralentizarse, prestar atención y tomarse tiempo para estar quieto, debamos seguir con un capítulo que afirme que necesitas mantener tu mente ocupada! Este es uno de esos casos en los que es mejor encontrar un feliz equilibrio. Si quieres mejorar tu memoria, es crítico aprender las prácticas de meditación y atención plena previamente mencionadas. Sin embargo, no quieres darte demasiado tiempo libre, porque las funciones de memoria de las personas que se permiten demasiado tiempo inactivo tienden a sufrir.

Mantén tu calendario lleno.

Si bien es importante permitirte tiempo para ser consciente, hacer ejercicio y dormir lo suficiente, también debes asegurarte de estar viviendo una vida plena y equilibrada. Específicamente, esto significa mantenerte ocupado con pasatiempos y una vida social. La mayoría de las personas que están en la escuela o trabajan a tiempo completo mientras crían hijos no tienen que preocuparse por este problema. Por lo general, tienen más que suficiente entre eventos para recaudar fondos escolares, grupos de estudio, citas para jugar, prácticas deportivas y tiempo en familia. Sin embargo, las personas que no están ocupadas con la familia o una carrera a tiempo completo podrían beneficiarse de este consejo.

Muchas personas mayores de 50 años, que están retiradas, solteras o con los nidos vacíos, pueden querer asegurarse de mantener suficientes actividades en su calendario. Un estudio encuestó a 330 adultos de entre 50 y 89 años sobre la ocupación de su calendario. Se les pidió a los participantes que calificaran su ocupación diaria, y respondieron varias preguntas sobre su horario para que los investigadores pudieran evaluar cuán activas eran sus vidas. Los participantes también se sometieron a pruebas que medían sus habilidades de memoria, velocidad de procesamiento de información, vocabulario y habilidades de razonamiento.

Los resultados de este estudio indicaron que, en promedio, los adultos que llevaban una vida más ocupada tenían mejores puntajes de función cognitiva que aquellos cuyos calendarios estaban comparativamente vacíos. Un investigador señaló que el estudio no abordaba completamente si una vida ocupada mejoraba la función cognitiva o viceversa, pero se especulaba que mantenerse ocupado y activo podría estimular el cerebro, lo que conduciría al crecimiento intelectual. Específicamente, mantenerse ocupado te brinda más oportunidades de conocer gente nueva y enfrentar nuevas situaciones, lo que acelera el aprendizaje y crecimiento de tu cerebro. Dado que la memoria es una parte crucial de la función cognitiva, no debería sorprender que mantenerse ocupado también ayude en las habilidades de memoria de las personas. El estudio señaló que los dos tipos de memoria beneficiados por un calendario ocupado son la memoria operativa (también conocida como memoria a corto plazo, previamente definida en los Capítulos 4 y 5) y la memoria episódica (memoria relacionada con recordar tiempos y lugares).

Los peligros de la ociosidad

Aunque la jubilación es algo que la mayoría de los estadounidenses dan por sentado como la recompensa inevitable por décadas de trabajo, la jubilación es en realidad un desarrollo muy reciente y, algunos podrían argumentar, poco natural para nuestra cultura. Durante miles de años, los humanos continuaron trabajando hasta que físicamente no pudieron hacerlo, simplemente porque tenían que hacerlo y porque así era como se hacían las cosas. Solo en los últimos cien años o así, muchos de nosotros hemos estado jubilándonos del trabajo una vez que alcanzamos cierta edad. En los años 1800, la mayoría de los hombres mayores de sesenta y cinco años todavía estaban trabajando, pero ahora esa edad a menudo se considera la "edad dorada" cuando podemos jubilarnos a una vida de felicidad y tranquilidad.

Desafortunadamente, parece que la jubilación

puede poner en alto riesgo tus habilidades mentales de declinar. Un estudio de 2010 de miles de jubilados en América y Europa descubrió que la jubilación conlleva a una reducción del pensamiento junto con la anticipada reducción del trabajo físico. Si alguna vez has tomado unas largas vacaciones del trabajo o la escuela, probablemente hayas experimentado este fenómeno hasta cierto punto. Cuando regresas de las vacaciones, a menudo encuentras que debes poner un esfuerzo mental adicional en tareas que eran fáciles antes de que te fueras. Cuando te relajas, ya no tienes la presión de tener que pensar creativamente, encontrar soluciones a problemas, impresionar a posibles clientes o cumplir con plazos. Si bien la relajación en sí misma no es intrínsecamente algo malo, este es un caso en el que demasiado de algo bueno puede ser perjudicial.

El estudio mencionado en el párrafo anterior utilizó una prueba que incluía recordar listas de palabras. Los investigadores administraron esta prueba cognitiva a miles de jubilados que estudiaron y a adultos mayores que todavía estaban trabajando. Al compilar sus datos, compararon específicamente las habilidades cognitivas de los trabajadores en la cincuentena con las de los jubilados en la sesentena. ¡Su hallazgo, entre otros datos, fue que cuanto más probable era que los de sesenta años estuvieran jubilados, peores eran sus habilidades cognitivas en comparación con el grupo más joven! Otra conclusión extraída de este estudio multinacional es que cuanto más tarde te jubiles, generalmente te mantendrás más inteligente. Aunque muchos de nosotros en América envidiamos a aquellos en ciertos países europeos que pueden jubilarse a una edad más temprana, la realidad es que mantenemos nuestras mentes y recuerdos más agudos en América al seguir trabajando hasta más avanzada edad.

Otro factor de la jubilación y/o envejecimiento que conduce a una vida más tranquila es la disminución de interacción social. Cuando las personas de tu edad o mayores fallecen o se mudan a lugares más soleados, puede que te des cuenta de que puedes pasar días enteros sin hablar con nadie que no sea tu gato. Desafortunadamente, un círculo social en disminución puede ser tan perjudicial para la función cerebral como dejar de trabajar. Cuando interactúas con otras personas, te ves obligado a ampliar tu perspectiva y pensar de manera creativa. Al mantener en mente las experiencias y opiniones de otras personas, ejercitas tu memoria de trabajo. También aprendes constantemente de las historias e información que comparten contigo. Se sigue que cuanto menos relaciones tengas, menos oportunidades tendrás de ejercitar tu memoria de trabajo. Tu mundo se reduce, al igual que la cantidad de información que necesitas recordar de forma regular.

¿Qué significa esto para ti?

Por mucho que odies la idea de trabajar hasta bien entrados los sesenta o incluso más, tu memoria se mantendrá mucho más aguda si lo haces. Si desventajas físicas, independencia financiera u otras circunstancias te llevan a la jubilación temprana, establece metas para mantenerte ocupado y socializar.

Sin embargo, por favor ten en cuenta todo lo que ya has aprendido en los capítulos anteriores de este libro. Si estás demasiado ocupado, es muy probable que no le dediques tiempo suficiente a comer adecuadamente, la calidad y cantidad de tu sueño se vean afectadas, probablemente no tengas tiempo para hacer ejercicio y definitivamente no estás dedicando tiempo a meditar o practicar la atención plena. Además, las hormonas del estrés generadas por estar demasiado ocupado podrían dañar realmente el cerebro. Con todos estos aspectos negativos, estar demasiado ocupado definitivamente no es la clave para mejorar tus habilidades de memoria.

En lugar de mantenerte ocupado simplemente por estar ocupado, encuentra cosas que sean interesantes y significativas para ti y llena tu calendario con estas cosas. Haz citas sociales con amigos, prueba nuevos hobbies que parezcan interesantes y presta atención a eventos comunitarios. Puedes asistir a conferencias y espectáculos locales, investigar sobre hacer excursiones de un día a destinos cercanos y ser voluntario por una causa digna. También puedes intentar involucrarte en tu iglesia u otra organización social para seguir conociendo gente nueva y formar nuevas relaciones. Hay muchas actividades atractivas que pueden llenar tu calendario sin aumentar tus niveles de estrés. ¡Créenos, tu cerebro te lo agradecerá!

La memoria es básicamente como un músculo. Cuando se ejercita, se mantiene en forma e incluso mejora. Sin embargo, si no se utiliza, se debilita cada vez más. Al mantenerte en contacto con otras personas y participar en una variedad de actividades, le das a tu memoria un montón de información nueva para procesar todos los días. Así que sigue "flexionando" esos músculos de la memoria y mantén tu agenda llena.

Capítulo 8: Pensamiento Creativo

Ya sea que te consideres una persona creativa o no, dentro de ti yace una chispa de creatividad. La creatividad es simplemente el uso de la imaginación o ideas originales, y todos tenemos el potencial de ser creativos. Incluso si nunca has escrito una historia o poema, cogido un pincel o capturado una hermosa imagen a través de un lente de cámara, puedes ser una persona creativa. Cada persona en la tierra tiene una perspectiva única, una visión diferente que enmarca el mundo, y esta perspectiva es el marco por el cual se forman los recuerdos.

La conexión entre la creatividad y la memoria

Dado que tus recuerdos son como almacenas, conectas o interpretas tus experiencias, tus recuerdos realmente reflejan tu creatividad individual. Puede que recuerdes a una persona en particular que viste la semana pasada porque se parecía un poco a tu tía Sally, o ese panadero al cruzar la calle podría traer recuerdos del pastel de manzana de tu madre. Una hermosa pintura en la vitrina de una tienda podría traer recuerdos de un arcoíris que viste de niño. Sea cual sea tus recuerdos y conexiones intelectuales, son únicos para ti solo, y muestran tu potencial para ser creativo.

No solo la memoria y la creatividad están intrínsecamente vinculadas, sino que también puedes potenciar tus capacidades de memoria al ejercitar tu creatividad. Cuando te esfuerzas por ser creativo, ya sea generando nuevas ideas o creando algo artísticamente fresco, recurres a tus experiencias previas, ya sea que seas consciente de ello o no.

Muchas personas piensan que la creatividad es el opuesto exacto de la memoria. Después de todo, las cosas que recordamos ya existen, mientras que la creatividad se esfuerza por crear algo nuevo y fresco, ¿verdad? Esto parece cierto, pero no es exactamente preciso. En realidad, las ideas creativas siempre provienen de combinaciones de material que ya existe en nuestras mentes. No hay ideas nuevas que simplemente aparezcan de la nada; se construye sobre ideas existentes para crear nuevas.

Tus recuerdos son la materia prima de tu creatividad. Por lo tanto, cuando ejercitas tus habilidades creativas, obligas a tu cerebro a formar nuevos caminos entre tus recuerdos. A medida que te vuelves más creativo y desarrollas conceptos aparentemente "nuevos", experiencias antiguas que una vez parecían eventos separados pueden estar vinculadas en tu mente. Este proceso conduce a recuerdos más sólidos a medida que recurres a ellos una y otra vez.

Algunos de ustedes pueden pensar que simplemente no son "creativos". Existe una concepción falsa generalizada de que la creatividad se encuentra principalmente en las artes sensoriales. Si bien es cierto que la creatividad es más evidente en la pintura, danza, música, escultura, etc., puedes encontrar la capacidad de ser creativo incluso en las actividades más lógicas. Los científicos y matemáticos deben ser creativos a diario para encontrar nuevos vínculos entre datos o nuevas fórmulas para explicar fenómenos antiguos. Incluso las actividades más mundanas a veces pueden requerir creatividad. Piensas de forma creativa cuando te enfrentas a problemas diarios que requieren soluciones rápidas, como cuando tienes que entrenar a un cachorro en casa o limpiar el desastre causado por un lavavajillas roto.

Cómo potenciar tu creatividad

Dado que tus habilidades de memoria pueden mejorar al ejercitar tus poderes de creatividad, ¿cómo exactamente?

¿Cómo deberías abordar este proceso? Por suerte para ti, hemos compilado una lista de sugerencias para ejercitar tus músculos creativos:

· Cultivar el aburrimiento: Pasamos tanto tiempo enfocados en encontrar entretenimiento que rara vez damos a nuestras mentes la oportunidad de divagar creativamente. Cuando tenemos tiempo libre, rápidamente alcanzamos el control remoto o deslizamos por nuestros teléfonos en busca de algo que hacer. Pero si te propones reducir tu entretenimiento, le das a tu creatividad la oportunidad de vagar libremente. Estar "aburrido" impulsa a tu cerebro a crear algo nuevo, ya sea simplemente divagando entre ideas o ideando algo que hacer. Para probar esto, pasa una semana sin encender tu televisión y observa qué tipo de ideas se te ocurren para entretenerte.

Creatividad diaria: Programa un tiempo cada día, aunque solo sean 10 minutos, para hacer algo creativo. ¡Hay infinitas posibilidades para este tiempo creativo! Puedes bailar con tus canciones favoritas (no te preocupes, nadie está mirando), coger un pincel por primera vez desde la escuela primaria, tomar fotos de flores o intentar escribir poesía. Incluso puedes incorporar un mantra de creatividad en tu meditación diaria (ver Capítulo 5). Intenta cantar algo como "Vivo una vida creativa" mientras te sientas en silencio y respiras, y permite que las ideas creativas inunden tu mente. Repite este tiempo de creatividad diariamente durante al menos 3 semanas, incluso si tienes dudas o te sientes un poco avergonzado de hacerlo. Probablemente descubrirás que tus pensamientos sobre tu propia creatividad cambiarán con el pasar de las semanas.

· Observe la creatividad: Recoge inspiración de la creatividad de los demás. Visita museos de arte, escucha música y asiste a actuaciones de danza. Incluso puedes inspirarte en la creatividad de la naturaleza dando un paseo por el bosque. ¡Lleva tus binoculares!

Haz cosas cotidianas de manera diferente: Cuando tomas tus tareas diarias y te obligas a hacerlas de forma distinta, haces que tu cerebro piense de forma más creativa. Para variar, intenta escribir con tu mano no dominante o ir al trabajo por una ruta completamente nueva y diferente. Haz ejercicio por la mañana si normalmente vas al gimnasio por la noche o viceversa. Desayuna en la cena. Escribe una carta a mano en lugar de enviar un correo electrónico. Visita un lugar nuevo durante el fin de semana, o come una fruta que nunca hayas probado.

Crear un espacio creativo: Si tienes una habitación extra en tu casa, úsala; de lo contrario, un rincón de una habitación funcionará perfectamente. Reserva este espacio para cualquier actividad creativa que te interese. Trae cualquier herramienta que puedas necesitar para crear, muestra todo lo que ya has hecho y coloca inspiración de otros creadores que admires. ¡Intenta colocar pequeñas notas para ti mismo que te recuerden que eres creativo y un artista! Puede parecer cursi, pero realmente funciona.

Dese tiempo a ti mismo: la creatividad no se puede forzar. Si encuentras que, a pesar de tus mejores esfuerzos, la inspiración no fluye, simplemente relájate y observa tus pensamientos y sentimientos. Puede que descubras que la inspiración te llega en los momentos más extraños.

Reestructura tu crítico interno: Criticar tus propios esfuerzos puede tener su momento y lugar eventualmente, pero el crítico interno no tiene cabida en tus esfuerzos iniciales. ¡No dejes que la ansiedad o el diálogo interno negativo te impidan intentarlo! Recuerda que todos los artistas creativos comenzaron desde algún lugar, y tienes el mismo potencial que cualquiera de ellos. Está bien reconocer tu ansiedad y las razones detrás de ella, pero responde a ella y luego déjala ir. Permítete cometer errores, porque son parte del proceso creativo. Si encuentras que la crítica interna aún te está bloqueando, incorpora afirmaciones positivas en tus meditaciones (una vez más, consulta el Capítulo 5). Un ejemplo es "Estoy bien tal y como soy." Cuando inhalas, piensa "Estoy bien..."; cuando exhalas, piensa "tal como soy...". Haz que tus inhalaciones y exhalaciones sean largas, lentas y profundas, durando 5 segundos cada una si es posible.

· ¡Ponte en movimiento! Las personas tienden a tener más ideas creativas después de hacer ejercicio. La actividad física despeja la mente, mejora el estado de ánimo y aumenta la energía durante un período significativo de tiempo posterior. ¡Solo 20 minutos de ejercicio aeróbico pueden ayudar a liberar tus ideas creativas! Sin embargo, es posible que quieras llevar un lápiz y un poco de papel, ¡nunca se sabe cuándo una idea creativa te podría golpear!

Estira tus músculos: Después de tu período de ejercicio aeróbico, asegúrate de estirar tus músculos. Esto ayuda a llevar oxígeno a tu cerebro y libera simbólicamente cualquier bloqueo emocional. Intenta mantenerte erguido y extiende tus brazos hacia atrás. Luego estira los brazos hacia los lados y gira suavemente tu columna hacia un lado, luego hacia el otro. Estira suavemente tu cuello bajando la cabeza hacia un hombro, luego hacia el otro. Inclínate hacia la cintura y alcanza hacia tus pies.

· Lleva tu creatividad contigo: Lleva

contigo una libreta y un bolígrafo o un grabador portátil. ¡Nunca sabes cuándo la inspiración puede golpearte, y quieres poder grabarla cuando lo haga!

Practicar la atención plena: ¡Ver el Capítulo 6 para una descripción completa!

Pregúntate: Puedes estimular tu pensamiento creativo preguntándote sobre cosas que previamente hayan escapado a tu atención. ¿Cómo funciona un filtro de agua? ¿Cuántos cabellos tienes en la cabeza? ¿A qué velocidad crecen tus uñas? ¿Cuántos galones de agua hay en el lago más cercano? Al cuestionar cosas en las que normalmente no piensas, creas nuevos caminos en tu cerebro y abres posibles nuevas líneas de investigación para seguir.

Di "¡Sí!": Cuando alguien te invite a ver un grupo de música ecléctica o probar un restaurante nuevo, ¡di que sí! Cuando alguien sugiera un viaje de campamento en grupo o tomar una clase de baile, dale una oportunidad. Probablemente no te hará daño... y es probable que vuelvas a casa con algunas ideas nuevas, o al menos una historia entretenida o dos.

Encuentra una comunidad creativa: Muchos artistas productivos encuentran inspiración unos en otros. Encuentra un grupo con intereses similares a los tuyos, como un grupo de tejido, clase de pintura, coro, grupo de escritura o troupe de improvisación. ¡Si no puedes encontrar un grupo, créalo! Intenta publicar invitaciones en cafeterías locales o buscar en foros en línea a personas con intereses creativos similares.

Imita: Has escuchado que la imitación es la forma más sincera de halago. Esto es cierto, pero también puede ser una fuente de inspiración. Intenta recrear el trabajo de tu artista favorito, pero no exactamente de la misma manera que lo hizo él. Por ejemplo, hazlo más pequeño o más grande, o transfórmalo a un medio diferente. Si amas una pintura en particular, intenta recrearla con carbón o lápices de colores. Imita el estilo de escritura de tu autor favorito, pero usa tus propias palabras.

Aunque algunas de estas sugerencias parezcan un poco descabelladas o fuera de tu zona de confort, ese es justamente el punto. Pensar de forma creativa expande tu imaginación más allá de lo común, sea lo que sea eso para ti. Así que ve y prueba todas ellas, al menos una vez. Puede que te sorprendas con los resultados. No solo descubrirás que puedes pensar de manera más creativa de lo que creías posible, sino que tu memoria comenzará a funcionar de manera más eficiente con cada esfuerzo creativo.

Lo contrario también es cierto.

Resulta que la creatividad y la memoria están tan intrínsecamente relacionadas que la relación funciona en sentido inverso. Acabas de aprender cómo pensar de forma creativa para inspirar tu memoria. Pero también descubrirás que tus jugos creativos comienzan a fluir con más libertad a medida que tus habilidades de memoria se vuelven más agudas y fuertes también.

Hay una razón por la cual los grandes avances creativos tienden a suceder después de que una persona ha pasado muchos años en su campo. Es porque se basan en experiencias anteriores para generar nuevas ideas. Puede llevar años, o incluso décadas, absorber los muchos pequeños pedazos de material mental que se combinan para alimentar una nueva idea. Las experiencias pasadas son el material crudo para la creatividad. A medida que fortaleces tu capacidad para recordar recuerdos, puedes descubrir que eres más creativo de lo que imaginabas. Esta relación recíproca es fascinante y emocionante. ¡Imagina las posibilidades creativas que pueden abrirse para ti mientras ejercitas tus músculos de memoria!

Capítulo 9: Recuerdo emocional

De todos los procesos que ocurren en nuestro cerebro, las emociones son quizás las más misteriosas. Parece que esas cosas que llamamos sentimientos están en todas partes, inevitables, y a veces tan poderosas que nos incapacitan temporalmente. Son tanto visibles como invisibles, y tienen conexiones con sensaciones físicas y espirituales. Son la inspiración para muchos proyectos creativos y la perdición de muchas personas por lo demás poderosas. Tienen el poder de arruinar toda una semana o de crear el mejor día de tu vida. Pero, ¿qué son?

¿Qué son las emociones?

Por definición simplista, las emociones son estados mentales naturales causados por nuestras circunstancias, relaciones o estado de ánimo. Pero son mucho más que eso. Son sensaciones generadas por nuestro cerebro que pueden afectar a todo nuestro ser, tanto física como espiritualmente. Son combinaciones de estímulos físicos, pensamientos y la urgencia de actuar.

Cuando sentimos una emoción poderosa, nuestro cuerpo reacciona con sensaciones físicas. Tu estómago puede sentirse "nervioso" cuando tienes miedo. Tu pulso se acelera y sudas cuando estás nervioso o emocionado.

Las emociones también están ligadas a los pensamientos. Aunque a veces es difícil decir cuál fue primero, generalmente un pensamiento específico conduce a una emoción específica, aunque esta sucesión generalmente ocurre tan rápidamente que no puedes separar las dos sin esfuerzo. Una vez que sientes una emoción específica, usualmente actúas de alguna manera pequeña o grande. Cuando te sientes feliz, sonríes. Cuando estás triste, puedes llorar o bajar la cabeza. Cuando estás enojado, puedes gritar o incluso pelear.

Las emociones nos hacen actuar de formas específicas y decir cosas específicas, a menudo sin siquiera quererlo. ¿Cuántas veces has dicho o hecho algo en el calor del momento, y luego te has arrepentido de tu curso de acción emocional? Pero la forma en la que te sentías en ese momento era tan poderosa que sentiste que no tenías otra opción más que actuar como lo hiciste.

Emociones y Memoria

Dado que las emociones están tan estrechamente relacionadas con nuestras palabras, acciones y sensaciones físicas, tiene sentido que tengan una relación muy cercana con los recuerdos. De hecho, generalmente es mucho más probable que recordemos a una persona específica, un lugar, una cosa o un evento si está vinculado con una emoción poderosa o dos. Por ejemplo, es posible que tengas muy poco recuerdo de tu profesor de matemáticas en noveno grado porque nunca sucedió nada particularmente emocionante en esa clase. Sin embargo, durante ese mismo año, es posible que hayas tenido un profesor de Historia que siempre estaba lleno de chistes e historias fascinantes. Él te hacía reír e inspiraba con su forma de enseñar. Tus sentimientos de humor, deleite y esperanza de tus experiencias con ese profesor en particular hacen que destaque en tus recuerdos.

De hecho, investigaciones recientes sugieren que las emociones, no la importancia personal, hacen que ciertas experiencias resalten en nuestras memorias. A veces las emociones incluso distorsionan nuestras memorias y las hacen inexactas. Si te dan instrucciones para una tarea, pero luego sucede algo que causa emociones fuertes, es posible que no puedas recordar las instrucciones.

También tendemos a tratar los recuerdos de manera diferente dependiendo de las emociones asociadas a ellos. Si un recuerdo está asociado con emociones desagradables, podríamos hacer grandes esfuerzos para evitar ese recuerdo. Incluso podríamos llegar al punto de bloquear inconscientemente esos recuerdos, potencialmente al punto de no recordarlos en absoluto. A veces, recuerdos extremadamente desagradables, tanto conscientes como inconscientes, pueden ser la raíz de graves problemas psicológicos.

Por otro lado, nos gusta volver a contar la historia de recuerdos particularmente felices o triunfantes para poder revivir esas emociones más deseables. Tal vez recordemos el "día más feliz de nuestra vida" con gran detalle, incluso hasta exactamente lo que estábamos usando ese día.

Nuestras emociones también afectan nuestra capacidad para recordar eventos pasados. Por ejemplo, cuando estás deprimido, es más probable que recuerdes experiencias negativas. Cuando estás experimentando una emoción "alta", recuerdas otras veces en las que has sentido el mismo estado de ánimo elevado. En otras palabras, tu estado de ánimo al recuperar un recuerdo a menudo coincide con el estado de ánimo en el que estabas cuando ese recuerdo fue codificado por primera vez (consulte el Capítulo 1 para obtener más información sobre codificación y recuperación).

Usando Emociones para Mejorar la Habilidad de Memoria

Cuando simplemente permites que las emociones afecten la reacción física y tu capacidad para recordar experiencias, estás siendo gobernado por tus emociones. Le das a tus sentimientos el poder de impedirte recordar ciertas cosas y bloquear detalles importantes. Pero al aprender a transformar tus hábitos emocionales, puedes mejorar tu capacidad de recordar tanto experiencias pasadas como futuras. La idea es estar en contacto con tus emociones y aceptarlas sin dejar que te dominen.

Al practicar la aceptación de toda tu gama de emociones, seguirás siendo capaz de sentirlas pero no podrán nublar tu capacidad de recordar. Un beneficio adicional es que te volverás menos reactivo/a a tus emociones. Tendrás el poder de elegir cómo comportarte en situaciones, en lugar de que tus emociones te digan cómo actuar y reaccionar.

Durante las próximas semanas, prueba cada una de las siguientes sugerencias para transformar gradualmente tus hábitos emocionales y aprender a aceptar tus sentimientos:

Identificar los desencadenantes emocionales: Cuando sabes que ciertas circunstancias pueden provocar emociones específicas en ti, puedes estar preparado para estos sentimientos con anticipación, incluso si no tienes control sobre los desencadenantes. En otras palabras, prevenido es prevenido. Los desencadenantes físicos pueden incluir expresiones o posturas corporales de otras personas, ciertos alimentos o bebidas, medicamentos, fluctuaciones hormonales y enfermedades. Los desencadenantes mentales son cosas como creencias religiosas de ti mismo y de otros, actitudes, comparaciones con otros y la toma de decisiones. Los desencadenantes ambientales pueden ser ciertos tipos de clima, estar en lugares concurridos o estar aislado.

Tómate un tiempo para identificar tus desencadenantes emocionales. Si hay alguno que puedas eliminar (como ciertos alimentos), ¡deséchalo! Desafortunadamente, no hay forma de deshacerse de la mayoría de nuestros desencadenantes emocionales. Pero si sabes de antemano que te pones ansioso en multitudes o nervioso cuando tienes que tomar una decisión, puedes prepararte para esto con anticipación. Una vez que sepas qué esperar, tus emociones pueden no parecer tan malas. Descubrirás que eres capaz de experimentarlas y sabrás que terminarán una vez que haya pasado el desencadenante.

Observa tu diálogo interno: La forma en que te hablas a ti mismo puede tener un gran impacto en tus emociones. Cuando te sientes sin valor y deprimido, puede ser porque te estás diciendo a ti mismo que no vales nada. Tómate un momento para preguntarte por qué te sientes de cierta manera y qué te has estado diciendo a ti mismo para alimentar esa emoción. Intenta reformular tu diálogo interno de una manera más amable y positiva. Háblate a ti mismo como lo harías con un amigo querido o un hijo amado. Es probable que seas mucho más duro contigo mismo de lo que serías con cualquier otra persona, ¡y no mereces esa negatividad! Este cambio de diálogo interno puede requerir mucha práctica, pero no te rindas.

· Replantear problemas: A menudo, nuestras emociones son causadas por nuestra perspectiva de un problema en particular. Por ejemplo, puedes sentirte deprimido porque cometiste un error o estás experimentando un conflicto con alguien. En vez de tener miedo, tristeza o ansiedad por este problema, intenta verlo como una oportunidad para crecer y aprender. Al igual que cambiar tu diálogo interior negativo, esto puede requerir mucha práctica, ya que estás trabajando para cambiar años de una forma específica de pensar y sentir. ¡Sé persistente y descubrirás que te vuelves más optimista sobre los problemas de lo que nunca creíste posible!

· Siéntate con tus emociones: Esta es una forma particular de atención plena (discutida más adelante en el Capítulo 6) que puede ser tremendamente beneficiosa para transformar tus hábitos emocionales. Cuando te sientas de cierta manera (especialmente cuando quieres actuar en una emoción fuerte), tómate un momento para nombrarla, ya sea en voz alta o en tu cabeza. Luego, haz una pausa y concéntrate en tu respiración mientras entra y sale de tu cuerpo, en lugar de actuar. A continuación, conecta con tus sensaciones físicas. Comienza por notar tus pies en el suelo, o tu asiento y espalda en una silla. Luego, hazte consciente de tu corazón latiendo y de cualquier sensación en tu estómago, pecho y garganta. Sigue respirando lentamente, inhalando y exhalando. Observa dónde sientes la emoción más fuertemente en tu cuerpo y cómo se siente. Tal vez sea una sensación punzante en la parte posterior de tu cuello o una opresión en tu pecho. Quizás la asocies con ciertos sonidos o olores.

A medida que explores las sensaciones con tu emoción, resiste la tentación de actuar sobre ellas. Visualiza moviendo la emoción hacia el área alrededor de tu corazón y presta atención a cómo cambia. Puede sentirse más agudo al principio, y luego suavizarse. Nota cómo tu perspectiva cambia.

Sigue practicando esta conciencia emocional cada vez que una emoción fuerte te domine. Con el tiempo, encontrarás un nuevo entendimiento de tus emociones y la capacidad de regular tu respuesta a ellas.

Expresa tus emociones: Aunque la idea es no reaccionar a las emociones, es esencial expresarlas. Sofocar sentimientos intensos es peligroso para tu bienestar físico y psicológico, por lo que debes encontrar formas apropiadas de dejarlos salir. Cuando estás enojado, una caminata rápida puede ayudar o tal vez necesites gritar en una almohada, o incluso golpear la almohada. Cuando estás triste, puedes beneficiarte de un llanto liberador solo o en el hombro de un amigo. Si descubres que experimentas regularmente enojo o frustración, quizás deberías intentar inscribirte en una clase de ejercicio o equipo deportivo. La actividad física es una excelente manera de canalizar emociones intensas de manera apropiada. Si estás de duelo, escribe al respecto, busca consuelo en una mascota o un amigo y date tiempo para superar el dolor. Una excepción a la expresión emocional puede ser el miedo, así que sigue leyendo para aprender cómo manejar los sentimientos de miedo.

Aprende a controlar el miedo: Las expresiones repetidas de miedo o reacciones a cosas que te causan miedo pueden llevar a fobias o ataques de pánico. El miedo puede tomar vida propia y adquirir el poder de controlar todos los aspectos de tu vida. Cuando sientas miedo (a menos que realmente estés en una situación peligrosa; entonces, ¡aléjate de ella!), tómate un momento para notar los hechos de la situación. ¿Qué está sucediendo en este exacto momento? Observa tu diálogo interno y disminuye el miedo de un nivel catastrófico a un problema abordable. En lugar de imaginar el peor resultado posible, imagínate a ti mismo resolviendo el problema y conquistando tu miedo. Recuerda que solamente has estado imaginando un futuro posible, no el único. Luego, imagina un nuevo resultado más positivo.

Deje que la intensidad emocional disminuya: Cuando esté sintiendo emociones fuertes, tómese un descanso antes de actuar. Este "tiempo de descanso" puede durar desde unos minutos hasta unos días, dependiendo de la situación. Permítase distracciones saludables apropiadas, como hacer ejercicio o actividades creativas (ver Capítulo 8). Luego vuelva a analizar el problema o situación que está causando sus emociones y vea cómo se siente al respecto.

Prueba con emociones opuestas: si te sientes de cierta manera que te incomoda, intenta desafiarte a sentirte de forma diferente. Si estás enojado con alguien, esfuérzate por encontrar cosas sobre esa persona por las que estés agradecido. Si sientes envidia por el éxito de alguien más, intenta alegrarte por ellos y celebrar su buena fortuna. Estos esfuerzos te ayudarán a equilibrar tus emociones y evitar la tendencia al resentimiento.

• Ríe: Durante momentos particularmente tensos, frustrantes o molestos, tómate un descanso para encontrar algo de comedia. Busca chistes estúpidos o sketches cómicos en línea. Incluso la risa falsa ha demostrado ayudar a cambiar tu estado de ánimo.

Las emociones pueden ser grandes maestras, una vez que aprendemos a aceptar e incluso abrazarlas. La conciencia de tus emociones puede enseñarte lecciones valiosas sobre ti mismo, como cómo tomas decisiones, quiénes son tus mejores amigos y cuáles son tus prioridades. Una vez que hayas aprendido a reconocer y aceptar tus emociones, descubrirás que, con práctica, tendrás una mejor capacidad para recordar cosas que suceden, sin importar cómo te sentías en ese momento.

Capítulo 10: Entrenando tu memoria

Hasta ahora, hemos cubierto toda la salud cuando se trata de una mejor memoria. Hemos abordado tu salud física, incluyendo la dieta, el ejercicio y el sueño. También hemos abordado tu salud psicológica y espiritual enseñándote cómo meditar, ser consciente, entrenar tu creatividad y practicar la conciencia y aceptación de tus emociones. Cada uno de estos procesos es una pieza del rompecabezas que conduce a una mejor salud cerebral y a mayores habilidades de memoria. Pero aún tenemos algunos trucos bajo la manga.

Puede que estés buscando consejos útiles para estudiar para tu próximo examen o memorizar un discurso para el próximo banquete corporativo. O tal vez has comenzado a incorporar todas las sugerencias saludables en el capítulo anterior y estás listo para impresionar a tus amigos convirtiéndote en un verdadero maestro de la memoria. Encontrarás los consejos y técnicas que deseas en estos dos últimos capítulos. Este capítulo describe formas fáciles de memorizar rápidamente información, y el próximo capítulo cubre algunas técnicas importantes para mejorar tus habilidades mnemotécnicas.

No importa lo que estés tratando de aprender y recordar, hay algunos trucos en los que los expertos en memoria confían para una mejor retención. Prueba las siguientes ideas mientras aprendes los puntos clave de una presentación o estudias para un examen:

· Toma la información lentamente: Es bastante tentador posponer tus estudios y luego "empollar" para un examen, o leer la mayor cantidad posible de tu libro de texto para que puedas relajarte durante el resto de la semana. Pero descubrirás que la memorización es más efectiva si ralentizas el ritmo de aprendizaje y tomas la información en varios días o incluso semanas. Si tienes un examen sobre diez capítulos en una semana, intenta estudiar dos capítulos por noche, y luego repasar durante un par de días. Si eres un profesor que necesita memorizar los nombres de tus estudiantes, aprende cuatro o cinco nombres por día y deberías tener toda la clase memorizada en una semana o dos.

La repetición es clave: difícilmente puedes esperar memorizar una gran cantidad de material en unos pocos días, y luego recordarlo nuevamente en un mes sin repasarlo en medio. ¡Para el recuerdo a largo plazo, debes repetir! Recuerda, la información nueva representa un nuevo camino en tu cerebro. ¡Si quieres recordar la información y comprometerla en tu memoria a largo plazo, debes recorrer ese camino con frecuencia! Cuanto más repases, más fuerte se vuelve el camino neural. Por ejemplo, si estás aprendiendo a conjugar verbos en alemán, dedica tiempo a practicar y recitar las conjugaciones al menos cada dos días durante un par de semanas, luego una vez cada varios días, luego una vez a la semana.

Dispositivos mnemotécnicos: Un dispositivo mnemotécnico es cualquier técnica de aprendizaje que te ayuda a recordar información. Un ejemplo clásico de esto es la frase "Mi Very Excellent Mother Just Served Us Nine Pizzas" para recordar el orden de los nueve planetas. O hay la rima para los meses que te ayuda a recordar cuáles de ellos tienen 31 días y cuántos tienen 30 días. O quizás hayas aprendido el método de llevar un registro de la duración de los meses contándolos en tus nudillos. Cuando se trata de estos pequeños trucos de memoria, las posibilidades son infinitas siempre y cuando te ayude. Si es una lista de cosas en un orden específico, intenta crear una frase ingeniosa, como la ilustración del planeta. O crea una rima, canción o imagen para ayudarte a recordar.

Asociaciones de imágenes (visualización): Una asociación de imágenes o visualización es una imagen que conjuras en tu cerebro convirtiendo palabras en la palabra o palabras que más se parecen a ellas y que puedas pensar. Estas son especialmente útiles cuando se trata de recordar nombres de personas. Alguien llamado Shelly Baker podría visualizarse llevando un sombrero de panadero y un delantal, con imágenes de conchas en el delantal. Para alguien llamado Ben, puedes imaginar el Big Ben en Londres, con la cara de Ben en lugar del reloj. Para alguien llamado Vincent, imagina la famosa autoretrato del pintor van Gogh, solo con la cara de Vincent en lugar de la cara del pintor. Para alguien llamado Sandy, imagina a esa persona en una playa. La imagen no tiene que ser nada especial, simplemente algo que te ayude a recordar.

Chicle: Suena un poco tonto, pero es posible que experimente una mejora en las habilidades de memoria si prueba masticar chicle mientras está aprendiendo nueva información. Esto puede no funcionar, ya que solo se ha realizado una investigación limitada sobre el concepto, pero vale la pena intentarlo. Un estudio sugirió que los participantes tenían una memoria más precisa y mejores tiempos de reacción si masticaban chicle. Se ha especulado que masticar chicle puede aumentar la actividad en el hipocampo, que está involucrado en la codificación y recuperación de la memoria. ¡Aunque pueda no funcionar, definitivamente vale la pena intentarlo!

Mapeo mental: El mapeo mental es una forma diferente de visualizar la información para facilitar la memorización. En esta técnica, se organiza visualmente la información de una manera que la hace más fácil de dividir en categorías y recordar de manera sistemática. La idea básica es dibujar un diagrama que muestre las relaciones y la organización jerárquica de las piezas de un todo. Se dibuja un diagrama, con la idea principal en el centro, y ramas que llevan a subtemas alrededor de la idea principal. Los subtemas pueden tener más ramas, o listas de detalles simples, dibujadas alrededor de ellos. Una forma fácil de obtener buenos ejemplos de esto es buscar en Google "mapa mental". Puede que encuentres que memorizas la información mejor al incorporar diferentes colores en tu mapa mental o al escribir en letras pequeñas y grandes para enfatizar la importancia de las ideas.

"Chunking" de información: Esta idea se correlaciona con asimilar la información lentamente. No solo debes disminuir la velocidad a la que consumes nuevo material, sino que también ayuda dividirlo en pedazos más pequeños, "a tamaño de bocado". Si quieres memorizar un número extremadamente largo, como los primeros 100 dígitos del pi, intenta dividirlo en secuencias de 10 números y memorizar las secuencias cortas una vez a la vez, como números de teléfono individuales. Otras situaciones en las que esta técnica podría ser útil son memorizar discursos para bodas o monólogos para una obra de teatro.

Todas las técnicas anteriores hacen uso de la forma en que tu memoria ya funciona, que es asociando la información antigua con la nueva información. En otras palabras, cuando tomas lo familiar y lo relacionas con algo no familiar, lo nuevo y lo desconocido pueden volverse inolvidables. Cada una de ellas es probada y verdadera, y la mejor parte es que ninguna de ellas requiere mucho tiempo para ayudarte. Pero si estás buscando memorizar aún más información, o seguir mejorando tus habilidades de memoria a niveles asombrosos, sigue leyendo hasta el próximo capítulo.

Capítulo 11: Campeón de la Memoria

Si no estás satisfecho con mejorar la salud de tu cerebro y aprender varios consejos y trucos para un aprendizaje general, este es el capítulo que has estado esperando. Este capítulo final incluye las técnicas que aquellos con las llamadas "memorias fotográficas" usaban para lograr la grandeza de la memoria. Estas técnicas son utilizadas por personas que ganan campeonatos de memoria y por aquellos que trabajan como espías en el ejército. Estas son personas cuyas vidas, o al menos reputaciones, dependen de tener una memoria excelente. ¡Al usar estas técnicas, puedes alcanzar el nivel de grandeza de memoria que has soñado!

El Método Militar

Descargo de responsabilidad: Aunque este método se promociona como el "método militar", no hay pruebas reales de que este método sea utilizado por el ejército para entrenar a sus operativos. Sin embargo, se sugiere como una forma de mejorar tu capacidad para memorizar rápidamente grandes cantidades de información, y muchas personas lo han elogiado como un método efectivo para entrenar tu memoria. No requiere mucho tiempo cada día, ¡así que definitivamente vale la pena intentarlo!

Los materiales que necesitarás para este método de entrenamiento de la memoria son una pequeña lámpara brillante y un trozo de papel de color oscuro. También necesitas el libro o documento escrito o tecleado que planeas memorizar.

Sigue estos pasos:

1. Comprométete a aproximadamente 15 minutos al día para practicar.

1. Designa un lugar tranquilo en tu casa donde puedas practicar. Es importante que puedas oscurecer la habitación, así que usa un armario si es necesario. Lleva tu lámpara de escritorio a esa área.

1. En tu hoja de papel de color oscuro, recorta un agujero en forma de rectángulo que sea del tamaño de un párrafo en tu documento o libro.

1. Coloca el papel sobre tu documento o libro. Asegúrate de que el párrafo que quieres memorizar primero se vea a través del agujero que cortaste en el papel.

1. Coloque su documento o libro lo suficientemente lejos de sus ojos para poder verlo fácil y rápidamente.

1. Apaga todas las luces y asegúrate de que la habitación esté completamente oscura. Permite que tus ojos se ajusten a la oscuridad, para que puedas empezar a distinguir las formas en la oscuridad.

1. Mientras miras el lugar donde está tu libro o documento, enciende la pequeña luz durante menos de un segundo y luego apágala.

1. Durante ese breve momento, tus ojos habrán tomado una foto mental del párrafo que se muestra a través del agujero en tu trozo de papel oscuro. Concéntrate en esa imagen en tu cerebro. Cuando haya desaparecido por completo de la mente, vuelve a encender la lámpara por otra fracción de segundo y luego apágala de nuevo. Siempre sigue mirando el párrafo que estás tratando de memorizar.

1. Haz esto repetidamente, durante aproximadamente 15 minutos cada día, hasta que tengas todo el párrafo memorizado sin errores de ningún tipo. No te saltes ningún día; según algunas fuentes, saltarse un día puede retrasarte una semana entera.

1. Si utilizas esta técnica, combinada con todo lo que ya has aprendido en esta guía y el resto de las técnicas descritas en este capítulo, descubrirás que tu memoria está tan cerca de ser "fotográfica" como jamás podrías imaginar.

El Palacio de la Memoria

Este método es una técnica de memoria muy poderosa que ha demostrado ser efectiva, fácil de aprender y un poco divertida. Utiliza el método de visualización que aprendiste en el último capítulo, pero en un nivel más complejo. Simplemente sigue estos pasos para usar esta técnica, y descubrirás que puede ser útil en muchas situaciones:

1. Elige un palacio. Aunque se llame palacio, no tiene que ser literalmente un palacio. Simplemente visualiza un lugar con el que estés extremadamente familiarizado. Puede ser tu propia casa o escuela, por ejemplo. La clave es elegir un lugar que puedas imaginar fácilmente en gran detalle.

También intenta visualizar una ruta específica para caminar dentro de tu palacio en lugar de solo verlo como una escena. Entonces, si tu palacio es tu casa, imagina un orden específico para caminar por ella, habitación por habitación. Otros lugares que podrías elegir podrían ser el lugar donde trabajas, un parque local o un camino por el que caminas o corres regularmente, o calles familiares en tu vecindario.

1. Enumere las características memorables e importantes: Mientras recorre mentalmente su palacio elegido, preste atención a las características distintivas en él. Por ejemplo, si elegiste tu lugar de trabajo, la primera característica podría ser el estacionamiento. Ahora camine por el camino elegido a través de su palacio, tomando nota de cada habitación o destino en el orden que hayas elegido. Cuanto más detalle notes, mejor. Tal vez escanees cada habitación de derecha a izquierda, notando características en orden mientras escaneas. Sigue tomando notas mentales de cada característica a medida que avanzas. Cada característica que notes será un

"espacio" de memoria que usarás más tarde al memorizar piezas de información.

1. Imprime por completo tu Palacio en tu mente: Recorre tu palacio de la memoria una y otra vez, tomando nota de las mismas características cada vez hasta que lo tengas completamente memorizado. ¡Esto es importante! Si no lo tienes completamente y de manera confiable memorizado, la técnica no funcionará para ti. Si es necesario, anota cada detalle de tu palacio o dibuja un dibujo de él. Repite en voz alta tu ruta a través de tu palacio si eso ayuda. Recuerda siempre mirar las características elegidas del palacio en el mismo orden y desde la misma perspectiva. Incluso cuando creas que lo tienes completamente memorizado, revísalo unas cuantas veces más. Necesitas tener confianza en tu conocimiento del palacio y es imposible "sobrememorizar" tu camino mental a través de él.

1. Empieza a usar tu palacio: Intenta usar tu palacio para memorizar algo simple al principio, como una lista de compras. Comienza visualizando la primera cosa en la lista en asociación con la primera característica de tu palacio. Si la primera característica de tu palacio es el estacionamiento y la primera cosa en tu lista de compras son los huevos, imagina huevos por todo el estacionamiento. Imagina pequeños autos en forma de huevo estacionados en los lugares de estacionamiento, huevos aplastados por todo el asfalto y huevos alados adorables cantando felices en los árboles. ¿Lo tienes? A continuación, digamos que la segunda característica de tu palacio de la memoria es la puerta principal de tu edificio de oficinas y el segundo artículo en tu lista de compras es un cartón de leche. Intenta imaginar la puerta principal como un cartón de leche, con mucha leche fría saliendo de debajo de la puerta, formando pequeños charcos de leche alrededor de la entrada.

Continúa con esta visualización hasta que hayas colocado cada artículo de tu lista de compras firmemente asociado con una característica de tu palacio de la memoria.

1. Vuelve a visitar tu palacio: Ahora que has terminado de colocar todos los elementos en tu lista, haz un poco de ensayo. Repite el recorrido una o dos veces para asegurarte de que conoces el orden de tu lista y no has olvidado nada. Si has tenido éxito siempre comenzando en el mismo punto y siguiendo la misma ruta, tu lista memorizada vendrá a tu mente rápidamente mientras visualizas el camino a través de tu palacio.

1. Sigue usando tu palacio para memorizar listas más largas y conjuntos de información más complejos. ¡Te sorprenderá cuánto puedes recordar con esta técnica!

El Método de Memorización de la Baraja de Cartas

¡Créalo o no, hay maestros de la memoria que pueden memorizar fácilmente el orden de una baraja de 52 cartas barajadas al azar en menos de dos minutos! ¡Esta hazaña es necesaria para convertirse en un Gran Maestro de la Memoria en un Campeonato Mundial de Memoria oficial (este es un evento real)!

Uno de estos impresionantes memorizadores de barajas de cartas es Nelson Dellis, ganador en cuatro ocasiones del Campeonato de Memoria de EE. UU. Cuando se le pidió una técnica sobre cómo memorizar una baraja de cartas barajada, él describió los siguientes pasos:

1. **Comienza con las cartas de la cara. Separa las cartas de la cara de la baraja. Deben ser doce: Jota, Reina y Rey de los cuatro palos. Comenzarás memorizando el orden de estas doce, luego aumentarás a la mitad de la baraja, y finalmente a la baraja completa. De esta manera, estableces metas pequeñas y realistas para lograr tu objetivo general. Las pequeñas victorias te mantendrán motivado a medida que veas mejorar tus habilidades.**

1. **Persona/Acción/Objeto (también conocido como PAO) Este paso utiliza la técnica de "fragmentación" de la información que aprendiste en el capítulo anterior. Al tomar 52 cartas y dividirlas en grupos de 3, reduces tu lista de 52 a un**

manejable 17 (con un extra al final). Persona/Acción/Objeto también aprovecha la técnica de visualización discutida previamente en el Capítulo 10. Comenzaremos con las 12 cartas de figuras que apartaste anteriormente.

a. Asocia a una persona con cada una de las 12 cartas de la cara. No importa a quién te recuerde la carta siempre y cuando sea fácil de recordar. Dellis dice que el Rey de Treboles le recuerda a Tiger Woods, por los palos de golf. El Rey de Corazones le recuerda a su papá, y el Rey de Diamantes le recuerda a Donald Trump.

b. Entonces decide una acción y un objeto para cada persona. Por ejemplo, el Rey de Tréboles es Tiger Woods, él juega al golf, y su objeto es obviamente un palo de golf.

c. Una vez que tengas la idea de PAO (Persona/Acción/Objeto) para cada carta, puedes agrupar las cartas en conjuntos de 3. La primera carta será la Persona asignada, la segunda es su Acción, y la tercera es un Objeto. Esto convierte un grupo de tres cartas en solo una imagen. Por ejemplo, las tres cartas podrían ser el Rey de Tréboles, seguido por el Rey de Corazones, seguido por el Rey de Diamantes. Te imaginarías a Tiger Woods realizando una cirugía cardíaca (la acción) en un casino (el objeto).

1. **Usa tu Palacio de la Memoria. Si las cosas no parecían complicadas antes, lo están a punto de serlo. Aquí usas la técnica del palacio de la memoria que aprendiste anteriormente en este capítulo porque necesitas un lugar para almacenar cada uno de los grupos de cartas a medida que los memorizas. Si tu palacio es tu hogar y la primera característica de tu hogar es el jardín, podrías imaginarte a Tiger Woods en tu jardín, operando un corazón, en un casino.**

1. **Expandir a la mitad de la baraja, luego a toda la baraja. Una vez**

que hayas podido memorizar las cartas de la cara, el próximo paso es que descubras Asociaciones Persona-Acción-Objeto para cada carta en el resto de la baraja. Esto puede ser complicado, así que usa tu imaginación. Puedes empezar viendo si alguna de ellas son obvias para ti. Asigna cartas significativas a tus amigos, familiares y mascotas queridas primero. Asegúrate de darle a cada uno una persona, una acción y un objeto. Por ejemplo, el 3 de Corazones podría ser tu gato de tres patas. La acción podría ser comer, y el objeto podría ser croquetas para gatos.

Para las cartas menos evidentes, el memorizador maestro Dellis sugiere usar algo llamado el Sistema Dominic, que es un código para números y palos que se traduce en letras, las cuales representan las iniciales de una persona o personaje. Trabajaremos a través de un ejemplo para que lo entiendas.

El sistema:

Los primeros 8 números son representados

es "la práctica hace al maestro". Ciertamente no hay vergüenza en quedarse en los primeros 9 o 10 capítulos de este libro y utilizar los consejos para convertirte en la versión más saludable y aguda de ti mismo. Tus habilidades de memoria serán tan fuertes como siempre, y seguirán mejorando a medida que comas más saludable, hagas ejercicio, duermas lo suficiente y practiques tu meditación, creatividad y atención plena emocional.

Sin embargo, para aquellos que tienen ambiciones elevadas de conquistar grandes hazañas de memoria, es hora de abrazar las técnicas descritas en la última parte de esta guía. Descubrirás que con suficiente dedicación y determinación, impresionarás a todos con tu destreza de memoria. ¿Quién sabe, podría haber un campeonato de memoria nacional o mundial en tu futuro cercano!

Conclusión

Gracias por llegar hasta el final. Esperemos que haya sido informativo y capaz de proporcionarte todas las herramientas que necesitas para lograr tus metas, sea cual sea.

¡El siguiente paso es poner en práctica todo lo que has aprendido! Este no es el tipo de libro que puedes leer y simplemente guardar si deseas que transforme tu vida. Mantenlo disponible como referencia para que puedas utilizarlo tan frecuentemente como sea necesario. Sigue intentando los consejos de nutrición, ejercicio y sueño hasta que encuentres un equilibrio bueno y saludable para tu cerebro. Incorpora la meditación y las prácticas de mindfulness en tus rutinas diarias para maximizar tu conciencia y potenciar aún más tus habilidades de memoria. ¡No olvides mantener un calendario social ocupado y significativo, especialmente si estás jubilado! Mantenerse activo es la clave para conservar una memoria juvenil.

A continuación, sigue probando diferentes métodos de creatividad del Capítulo 8. Encuentra tu propio nicho creativo y prepárate para sorprenderte al ver cómo tus esfuerzos creativos mejoran el poder de tu memoria.

Dedica tiempo y esfuerzo a crear conciencia emocional dentro de ti para que puedas aprender a apreciar tus sentimientos pero no permitir que interfieran con tu capacidad para recordar experiencias.

Cuando te enfrentes a una tarea de memorización cotidiana, ¡consulta el Capítulo 10 para obtener ayuda! Con un poco de práctica, descubrirás que puedes recordar tus listas de compras, listas de Navidad y citas diarias sin tener que escribirlas. Finalmente, si tienes metas de competir en desafíos de memoria o simplemente quieres ver hasta dónde puede llegar tu propia memoria, convierte el Capítulo 11 en tu biblia. Encuentra tiempo cada día para practicar las técnicas descritas, y antes de mucho, tus amigos te describirán como el de la "memoria fotográfica". ¡No te preocupes, tu secreto está a salvo con nosotros!

www.ingramcontent.com/pod-product-compliance
Lightning Source LLC
LaVergne TN
LVHW012349220826
846091LV00016B/4183

* 9 7 8 1 9 1 4 2 7 1 3 6 6 *